少林武术精粹系列丛书

少林拳（十九）

德虔　德炎　编著

北京体育大学出版社

责任编辑：吕　哲
责任校对：曹晓燕
版式设计：李　鹤

图书在版编目（CIP）数据

少林拳. 十九 / 德虔, 德炎编著. -- 北京 : 北京体育大学出版社, 2022.1
（少林武术精粹系列丛书）
ISBN 978-7-5644-3581-3

Ⅰ. ①少… Ⅱ. ①德… ②德… Ⅲ. ①少林拳－套路(武术) Ⅳ. ①G852.15

中国版本图书馆CIP数据核字(2022)第007594号

少林拳（十九）
SHAOLINQUAN(SHIJIU)
德虔　德炎　编著

出版发行：北京体育大学出版社
地　　址：北京海淀区农大南路1号院2号楼2层办公B-212
邮　　编：100084
网　　址：http://cbs.bsu.edu.cn
发 行 部：010-62989320
邮 购 部：北京体育大学出版社读者服务部 010-62989432
印　　刷：北京昌联印刷有限公司
开　　本：880mm × 1230mm　1/32
成品尺寸：148mm × 210mm
印　　张：2.5
字　　数：49千字
版　　次：2022年1月第1版
印　　次：2022年1月第1次印刷
定　　价：13.80元

前言

武术作为中国的国粹，是中华民族传统文化的组成部分。家喻户晓的少林武术便是其中极具代表性的门类，是中国武术的重要象征。

我社与少林武术结缘已久，伴随着时光的流逝，有多种内容、多样组合、各种形式的载有少林武术的出版物，源源不断地从我社注入市场，为方兴未艾的少林武术热潮平添了更高的热度。可以说，少林武术图书一直与我社相伴相随，成为我社具有长期出版价值的图书门类。其中，少林武术图书的编纂者——已故的王长青（法号释德虔）先生功不可没。他经年累月锲而不舍，寻于寺院、觅于乡间，挖掘出大量尘封的少林武术资料，继而分门别类梳理、整饬成一册册书稿，并与我社携手努力，打造出独树一帜的武术图书板块，为我社的武术图书出版打开了新局面。

今天，在着力弘扬中华优秀传统文化，树立和增强文化自信的大背景下，我社将以往出版的少林武术书籍重新进行了编排，以全新的面貌推出“少林武术精粹系列丛书”，这是我社多年来少林武术出版情结的延续，是对积累和沉淀的少林武术资源的再一次整合与展示，更紧密契合了时代的要求。

通过这套书，读者可以研习刚柔相济、闪转腾挪的少林功夫，可以感悟其中凝结的中华智慧，可以领略武术文化的博大精深……这便是我社对这套书出版价值的期待。

目　录

少林戳脚拳

动作名称

预备势
1. 仙人指路
2. 黄忠抢关
3. 白猴坐洞
4. 金鸡独立
5. 神仙指路
6. 白鹤展翅
7. 仆地打虎
8. 头上摘盔
9. 仆地蹬脚
10. 进步铲脚
11. 仆地蹬脚
12. 独立冲拳
13. 青龙出水
14. 马上传令
15. 猿猴摘果
16. 豹子翻身
17. 双龙出洞
18. 辕门射戟
19. 金豹回头
20. 仙人坐洞
21. 燕子穿云
22. 开关迎敌
23. 进步戳踢
24. 提腿扣踢
25. 野马回乡
26. 挫脚泼敌
27. 大仙献果
28. 走马绊脚
29. 退步诱敌
30. 老鹰落山
31. 飞身二起
32. 猛虎出架
33. 绊脚挫敌
34. 神光跪师
35. 黄忠抢关
36. 罗汉蹲桩
37. 恶虎登山
38. 背后铲敌
收　势

动作图解

预备势

两脚八字站立，身体挺直；两臂自然下垂，五指并拢，紧贴两胯外侧，两掌心向内，掌指向下，目视前方。（图 1）

1. 仙人指路

两脚原地站立不动；右掌由下向上再向右侧摆击，掌心向前，掌指向右，左掌变拳，屈肘抱于左肋下，拳心向上，拳眼向外，目视右侧。（图 2）

图 1

图 2

2. 黄忠抢关

抬左脚向左侧移步落地，两脚外踝，两腿屈膝成马步；右掌变拳，屈肘抱于胸前，拳心向上，拳眼向外，左拳向左侧冲出，拳心向下，拳眼向前，目视左拳。（图 3）

3. 白猴坐洞

两脚蹍地内收，抬右脚与左脚并步震脚，屈膝下蹲；右拳在胸前向外向上再向内画小弧，然后向下栽击，左拳收于身前下方，向上变掌迎击右拳，右拳心向上，拳眼向前，左掌心向上，掌指向右，目视前方。（图 4）

图 3

图 4

4. 金鸡独立

两脚蹍地，左转体 90 度，右腿站立，左腿提起成独立势；右拳由下向上举于头前方，拳心斜向前，拳眼斜向下，左掌变拳，屈肘架于左膝上侧，拳心向左，拳眼向内，目视前方。（图 5）

5. 神仙指路

左脚在前落地，抬右脚上前与左脚并步；右拳下落于胸前，向前猛力冲出，拳心向下，拳眼向左，左拳收回，抱于左肋前侧，拳心向上，拳眼向外，目视右拳。（图 6）

图 5

图 6

6. 白鹤展翅

右脚不动，左脚抬起向前上方弹踢；两拳变掌，由前向上向后仰身展击，掌心斜向上，掌指斜向后，目视前上方。（图 7）

7. 仆地打虎

左脚在前方一步落地，两脚踝地，右转体 90 度，右腿屈膝全蹲成左仆步；两掌由上向下推击，按于裆前地面上，掌心向下，掌指斜相对，目视左前方。（图 8）

图 7

图 8

8. 头上摘盔

起身，左脚滑地向内收，抬右脚跨步，右脚尖点地；两掌由右向左上方捧架，屈肘拱举于头前方，掌心相对，掌指向上，高过头顶，目视右前方。（图 9）

9. 仆地蹬脚

抬右脚左旋震脚，落地向左转体 180 度，左脚向左沿地蹬脚，右腿屈膝全蹲成左仆步，两掌下落，右掌护于胸前，掌心向左，掌指向上，左掌按地，掌心向下，掌指向左，目视左侧。（图 10）

图 9

图 10

10. 进步铲脚

起身，两脚蹍地，左转体90度，左脚站立，右脚由后向前离地踹铲；两掌由后向前抓握，然后向后猛拉，护于胸前变拳，右拳在上，左拳在下，拳心相对，拳眼向前，目视前方。（图11）

11. 仆地蹬脚

右脚在前震脚落地，屈膝下蹲，抬左脚向前沿地蹬脚，成左仆步，两掌向右前侧按地，掌心向下，掌指向前，目视前方。（图 12）

图 11

图 12

12. 独立冲拳

收左脚起身，抬右脚上步落地直立，左脚迅速抬起，成右独立势；两掌变拳，右拳向右冲击，拳心向下，拳眼向前，高与肩平，左拳抱于肋下外侧，拳心向上，拳眼向外，目视右拳。（图 13）

13. 青龙出水

左脚落地，右脚上前一步落地，屈膝成右弓步；两拳变掌，向胸前两侧画弧后穿向前方，掌心相对，掌指向前，目视两掌。（图 14）

图 13

图 14

14. 马上传令

抬右脚后退震脚，再抬左脚上前一步落地，两脚踩地，右转体 90 度，两腿屈膝成马步；右掌收回，护于右肋前侧，掌心向上，掌指向左，左掌向左侧平穿，掌心向下，掌指向左，目视左掌。（图 15）

15. 猿猴摘果

右脚不动，抬左脚收于右脚内侧半步，脚尖点地，右腿屈膝成左虚步；右掌上架于头右侧，掌心斜向前，掌指斜向上，左掌收回架于右掌下方，掌心向前，掌指向右，目视左前方。（图 16）

图 15

图 16

16. 豹子翻身

两脚跳起，左转体 180 度，两脚相距一步落地，屈左膝成左弓步；两掌变拳，左拳护于左肩前，拳心向后，拳眼向外，右拳由后向前下方栽击于腹前，拳心向内，拳眼向左，目视右前方。（图 17）

17. 双龙出洞

两脚踝地，右转体 90 度，右腿屈膝成右弓步；两拳变掌向前方猛力穿击，两掌心向后，掌指向上，目视两掌。（图 18）

图 17

图 18

18. 辕门射戟

两脚前后换步，两脚踝地，右转体 90 度，屈膝成马步；两掌变拳收于胸前，左拳向左冲出，高与肩平，拳心向下，拳眼向前，右拳抱于肋前，拳心向上，拳眼向外，目视左拳。（图 19）

19. 金豹回头

两脚跳起，右转体 180 度，两脚相距一步落地，屈膝成右弓步；

两拳变掌，右掌横架于头上方，掌心向上，掌指向左，左掌下护于左胯外侧，掌心向下，掌指向前，目视左侧。（图 20）

图 19

图 20

20. 仙人坐洞

两脚蹍地，左转体 90 度，抬右脚与左脚并步震脚，屈膝成蹲步；两掌变拳，由上向前下方栽击，两拳背相对，拳心向外，拳眼向内，目视前方。（图 21）

21. 燕子穿云

两脚跳起，右脚向前上方弹踢；右拳变掌，速向前方由上向下拍击右脚面，左拳护于左肋下外侧，拳心向上，拳眼向外，目视前方。（图 22）

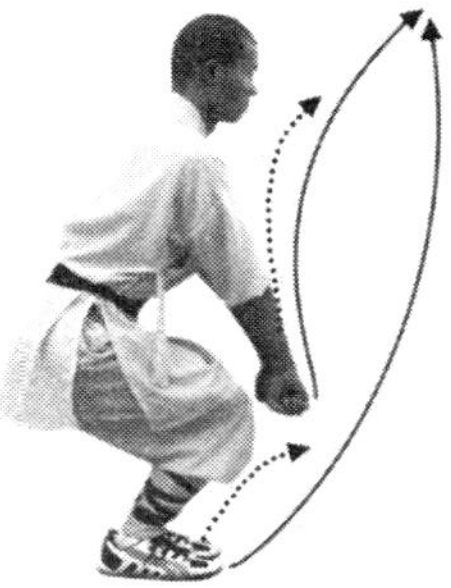

图 21

图 22

22. 开关迎敌

两脚相距一步落地，屈膝成右弓步；右掌向前迎面推出，成正立掌，掌心向前，掌指向上，左拳护于左肋外侧，拳心向右，拳眼向上，目视右掌。（图 23）

23. 进步戳踢

右脚踝地外旋，抬左脚向前下方铲蹬；左拳变掌，两掌同时向前扒击再向后撩展，左掌展于身后左侧，掌心向后，掌指斜向下，右掌封于左胯上侧，掌心向左，掌指斜向下，目视左脚前方。（图 24）

图 23

图 24

24. 提腿扣踢

左脚落地，右脚提起向前扣踢；同时向左转体 180 度，速抬左掌由左向右拍击右脚掌内侧，右脚落地与左脚并步屈膝；两掌变拳抱于胸前，拳心向内，拳眼向上，目视前方。（图 25）

25. 野马回乡

右脚向前一步落地，以右脚为轴，左转体 180 度，速抬左脚向前弹踢；两掌十字交叉护于胸前，左掌在外，右掌在内，两掌心向外，目视前侧。（图 26）

图 25

图 26

26. 挫脚泼敌

左脚收回，在前方半步落地，速抬右脚向前方挫泼踢击；两掌由胸前向前抓泼后再向右后侧甩展，右掌外展于右后下侧，掌心向下，掌指斜向右，左掌展于胸前，掌心向右，掌指向上，目视前方。（图 27）

图 27

27. 大仙献果

右脚在前方一步落地，左脚蹍地内旋，右腿屈膝成右弓步；右掌由后向前托击，掌心向后，掌指向上，左掌护于肋前，掌心向上，掌指向前，目视右掌。（图 28）

28. 走马绊脚

右脚不动，抬左脚向前勾踢；两掌护于胸前，掌心向右，掌指斜向上，目视左脚。（图 29）

图 28

图 29

29. 退步诱敌

左脚在前侧落地，两脚踩地，右转体 90 度，屈右膝成右弓步；右掌护于右肩前，掌心向下，掌指向前，左掌护于胸前，掌心向右，掌指向上，目视左侧。（图 30）

30. 老鹰落山

两脚踩地，左转体 90 度，抬右脚与左脚并拢，两腿屈膝半蹲；右掌由后向右前侧下插，插于右腿外侧，掌心向内，掌指向下，左掌护于胸前，掌心向右，掌指向上，目视前方。（图 31）

图 30

图 31

31. 飞身二起

两脚跳起，右脚尽力向前上方弹踢；速出右掌，由上向下拍击右脚面，左掌护于左肋前，掌心向前，掌指向下，目视右脚。（图 32）

32. 猛虎出架

两脚前后落地，而后两脚踩地，左转体180度，左脚向前滑步，

屈膝成左弓步；两掌变拳，由下向上架于头两侧，拳面相对，拳眼斜向下，目视前方。（图33）

图 32

图 33

33. 绊脚挫敌

左脚踝地外旋，抬右脚沿地向前绊踢；右拳由后向前挑勾击出，护于右胸前，拳心向内，拳眼向外，左拳抱于左肋外侧，拳心向上，拳眼向外，目视前方。（图 34）

34. 神光跪师

抬左脚上前一步落地，右脚踝地后旋，两腿屈膝成右跪步；右拳变掌，由上向下护于右小腿外侧，掌心向后，掌指向下，左拳护胸，拳心向下，拳眼向内，目视前方。（图 35）

图 34

图 35

35. 黄忠抢关

起身，两脚踝地，右转体 90 度，左脚向左移步，两腿屈膝成马步；右掌变拳，由下向上横架于头前上方，拳心斜向前，拳眼斜向下，左拳由胸前向左冲击，高与肩平，拳心向下，拳眼向前，目视左拳。（图 36）

36. 罗汉蹲桩

两脚踝地，左转体 90 度，抬右脚与左脚并步震脚，屈膝成蹲步；两拳向膝盖前下方栽击，两拳心相对，拳眼斜向前，目视前方。（图 37）

图 36

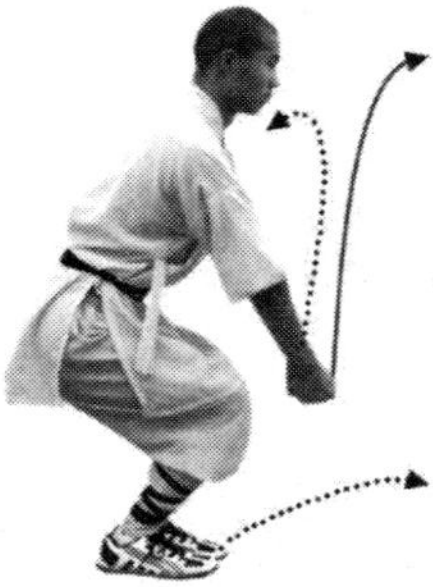

图 37

37. 恶虎登山

抬左脚上前一步落地，屈膝成左弓步；右拳收于胸前再向前冲出，高与肩平，拳心向下，拳眼向左，左拳收于左肋外侧，屈肘护肋，拳心向上，拳眼向外，目视右拳。（图 38）

38. 背后铲敌

两脚蹍地，右转体 90 度，抬右脚向右侧铲踹；两拳变掌，屈肘合掌拱于胸前，掌心相对，掌指向上，目视前方。（图 39）

图 38

图 39

收　势

右脚在右侧落地，左脚离地后与右脚八字站立；两掌随身右移，下落于两胯外侧，掌心向内，掌指向下，目视正前方。（图 40）

图 40

少林劈挂拳

动作名称

预备势
1. 罗汉朝祖
2. 英雄独立
3. 猛虎出架
4. 罗汉架打
5. 回头观风
6. 豹子撞山
7. 仙人坐洞
8. 马步四平
9. 马步坐桩
10. 一炮冲天
11. 豹子回头
12. 回身诱敌
13. 并步栽捶
14. 马步开弓
15. 野马转峰
16. 仆地游龙
17. 马步传令
18. 敬德挥鞭
19. 马步劈掌
20. 转身劈掌
21. 马步抓裆
22. 翻身劈挂
23. 回身下劈
24. 马上甩袖
25. 打虎上山
26. 马步劈掌
27. 倒插劈挂
28. 豹子回头
29. 蹲步插掌
30. 五花坐山
31. 仆地蹬脚
32. 马步排山
33. 独立托印
34. 撤步劈拳
35. 青龙搅水
36. 回身诱敌
37. 猿仙缩身
38. 马步单鞭
收　势

动作图解

预备势

两脚八字站立，身体挺直；两臂屈肘握拳，平端于肋下前方两侧，两拳心向上，拳眼向外，目视正前方。（图 1）

1. 罗汉朝祖

左脚向左移半步，右脚向左稍移步，两脚落地后踉地，左转体 90 度，两腿屈膝成跪步；两拳变掌，左掌护于胸前，掌心向右，掌指向上，右掌劈于右腿膝盖外侧，掌心向内，掌指向下，目视前方。（图 2）

图 1

图 2

2. 英雄独立

右脚抬起，在左脚内侧前落地震脚，左腿提起，成右独立势；右掌由下向上架于头前上方，掌心斜向上，掌指斜向左，左掌护于腹前，掌心向上，掌指向右，目视前方。（图 3）

3. 猛虎出架

左脚在前方落地，屈膝成左弓步；两掌变拳，左拳劈于前方，高与鼻平，拳心向内，拳眼向左，右拳劈于头右上方，拳心向下，拳眼向左，目视左拳。（图 4）

图 3

图 4

4. 罗汉架打

抬左脚原地震脚，右脚上前一步落地，两脚踩地，左转体90度，两腿屈膝成马步；两拳向下向左向上画弧，再向右侧劈击，右拳劈于右侧，高与肩平，拳心向下，拳眼向前，左拳架于头前上方，拳心向前，拳眼向下，目视右拳。（图5）

5. 回头观风

右脚踩地右转，抬左脚落于右脚内侧前方；两拳在胸前穿插抱紧，左拳在上，护于右肩前，拳心向内，拳眼向上，右拳在下，抱于左肋外侧，拳心向内，拳眼向上，目视左侧。（图6）

图 5

图 6

6. 豹子撞山

右脚向右侧横跨一步，左脚抬起，上身向右倾斜；右拳由左向上再向右冲击，拳心向左，拳眼向上，左拳由右侧直冲向左上方，拳心向前，拳眼斜向下，目视右前方。（图 7）

7. 仙人坐洞

右脚踩地，抬左脚向左转体 270 度，左脚落地，右脚前移跟步，落于左脚内后侧，两腿屈膝成蹲步；右拳变掌，与左拳随身转动，插向右腿膝弯外侧，掌心向内，掌指向下，左拳护于左肋前侧，拳心向下，拳眼向内，目视前方。（图 8）

图 7

图 8

8. 马步四平

左脚离地前移小半步，落地后两脚蹍地，左转体 90 度，两腿屈膝成马步；右掌变拳，与左拳同时向左右两侧冲击，屈肘架护于两肩外侧，两拳高过肩，拳心向前，拳眼向内，目视前方。（图 9）

9. 马步坐桩

两脚不动，马步不变；两拳由两肩前侧向外向下落于两大腿前上侧，目视前方。（图 10）

图 9

图 10

10. 一炮冲天

两脚踩地，左转体 90 度，抬右脚与左脚并步震脚；右拳前冲于右肩前侧上方，拳心向内，拳眼向右，左拳护于胸前下侧，拳心向内，拳眼向上，目视前方。（图 11）

11. 豹子回头

抬右脚向左脚前方外侧落地，两脚踩地，左转体 180 度，左脚在后提起不落地；两拳变掌，由后向上再向前劈展，左掌劈于前方，掌心向前，掌指向上，右掌展于头右上方，掌心向右，掌指斜向上，目视左掌。（图 12）

图 11

图 12

12. 回身诱敌

左脚在后一步处落地，两脚踩地，左转体 90 度，右腿屈膝成右弓步；两掌收回抱于胸前，左掌在下，右掌在上，右掌护于左肋前，掌心向左，掌指斜向上，左掌护于右肋前，掌心向右，掌指斜向上，

目视左侧。（图 13）

13. 并步栽捶

两脚踩地，左转体 90 度，抬右脚与左脚并步震脚，落地屈膝成蹲步；两掌变拳，向前下方栽击，两拳心向内，拳眼相对，目视两拳。（图 14）

图 13

图 14

14. 马步开弓

抬右脚上前一步落地，两脚踩地，左转体 90 度，两腿屈膝成马步；右拳向右冲出，高与肩平，拳心向下，拳眼向前，左拳横架于头前上方，拳心向前，拳眼向下，目视右拳。（图 15）

15. 野马转峰

右脚踩地内旋，左转体 90 度，抬左脚后拉成右独立势；右拳由后向前冲击，拳心向下，拳眼向左，左拳护于右小臂内侧，拳心向右，拳眼向上，目视两拳。（图 16）

图 15

图 16

16. 仆地游龙

右脚踩地，左转体 90 度，左脚在左侧一步处落地，屈膝全蹲成左仆步；两拳变掌，扑向身前下方，两掌心向下，掌指相对，目视左侧。（图 17）

17. 马步传令

起身，右腿向内侧收小半步，两腿屈膝成马步；两掌变拳，右拳收回胸前再向右侧冲击，高与肩平，拳心向下，拳眼向前，左拳抱于左肋外侧，拳心向上，拳眼向外，目视右拳。（图 18）

图 17

图 18

18. 敬德挥鞭

右脚抬起向内侧移步震脚，落地后向右转体 90 度，再抬左脚上前一步落地，两脚再踩地，右转体 180 度，右腿屈膝成右弓步；右拳由后向前摆击，拳心向左，拳眼向上，左拳抱于左肋外侧，拳心向上，拳眼向外，目视右拳。（图 19）

19. 马步劈掌

两脚踩地，左转体 90 度，两腿屈膝成马步；两拳变掌，右掌由右向左斜劈于胸前左侧，掌心向左，掌指斜向前，左掌劈于腰左侧，掌心向上，掌指斜向前，目视右掌。（图 20）

图 19

图 20

20. 转身劈掌

两脚踩地，右转体 90 度，屈右膝成右弓步；两掌由后向前猛力下劈，两掌心相对，掌指斜向下，目视两掌。（图 21）

21. 马步抓裆

左脚上前，落于右脚前一步，右脚外踝，两腿屈膝成马步，身体向右稍转；两掌由下向前上方托抓后，右掌稍后拉托于前方，掌心向上，掌指斜向左，目视前方。（图 22）

图 21

图 22

22. 翻身劈挂

两脚踝地，右转体 180 度，右腿屈膝成右弓步；两掌由后向上再向前下方劈挂，屈肘劈于胸前，两掌心相对，掌指向前，目视前方。（图 23）

23. 回身下劈

两脚离地，前后换步，落地后，两脚踝地，右转体90度，左腿屈膝，成右仆步；两掌由左向右下方劈击，右掌劈于右膝下内侧，掌心向前，掌指向右，左掌向右劈击后，屈肘抱于左肋侧，掌心向内，掌指斜向上，目视右掌。（图24）

图 23

图 24

24. 马上甩袖

收右脚变成马步；两掌向左向上再向右甩劈，右掌甩劈于右侧，高与肩平，掌心向前，掌指斜向上，左掌劈于右肩前侧，掌心向内，掌指向上，目视右掌。（图 25）

25. 打虎上山

两脚踉地，左转体 90 度；两掌由右向左前方劈击，左掌护于胸前，掌心向上，掌指向前，右掌劈于前方，掌心向左，掌指斜向上，目视前方。（图 26）

图 25

图 26

26. 马步劈掌

两脚蹍地，右转体 90 度，两腿屈膝成马步；两掌由左向上再向右斜劈，左掌劈于右臂前方，右掌收于右腰外侧，两掌心相对，掌指向右，目视右侧。（图 27）

27. 倒插劈挂

两脚蹍地，右转体 90 度，抬右脚落于左脚后侧半步，成叉步；两掌由前向左后方劈击，右掌劈于左臂外侧，掌心向内，掌指向后，屈肘护左臂，左掌劈击后，屈肘收于左肋外侧，掌心向下，掌指向右，目视左后侧。（图 28）

图 27

图 28

28. 豹子回头

两脚蹍地，右转体 90 度，两腿成左弓步；两掌变拳，由左向右甩击，右拳甩击后下栽于裆前，拳心向内，拳眼向左，左拳护于胸前，拳心向内，拳眼向左，目视右前方。（图 29）

29. 蹲步插掌

左脚离地与右脚并步，两腿屈膝下蹲成蹲步；右拳变掌，由左向右插击于右脚外侧前方，紧靠右脚尖，掌心向左，掌指向下，左拳护于胸前，拳心向下，拳眼向内，目视前方。（图 30）

图 29

图 30

30. 五花坐山

右脚向右横跨一步，两腿屈膝成马步；右掌由下向右再向上横架于头前上方，掌心斜向上，掌指向左，左拳由下向外画半弧，屈肘架于左大腿内侧，拳心向后，拳眼向内，目视左前方。（图 31）

31. 仆地蹬脚

两脚跳起，左右换步，右转体 180 度，两腿相距一步落地，屈右膝下蹲，左腿伸直，变成左仆步；左拳变掌，与右掌同时由上向下按地，两掌心向下，掌指向前，目视左侧。（图 32）

图 31

图 32

32. 马步排山

右脚蹍地内旋，左脚滑地收回半步，起身，两腿屈膝成马步；两掌由下向上举于胸前两侧，掌心向前，掌指向上，目视前方。（图 33）

33. 独立托印

两脚蹍地，右转体 90 度，左腿向前提起成右独立势；两掌变拳，右拳向前冲，落于左膝盖上方，屈肘护膝，拳心向左，拳眼向上，左拳护于左肋外侧，拳心向上，拳眼向外，目视前方。（图 34）

图 33

图 34

34. 撤步劈拳

左脚落地，右脚前跳一步落地，两脚踩地，左转体90度，屈左腿成左弓步；两拳由左向右画半弧抡劈，右拳劈于右胯外侧，拳心向前，拳眼向上，左拳护于左肋下侧，拳心向上，拳眼向外，目视右拳。（图35）

35. 青龙搅水

两脚踩地向右转体，两腿成马步；右拳由右向内再向上向外崩击于右侧，拳心向前，拳眼向左，左拳护于左大腿内侧，拳心向右，拳眼向上，目视右拳。（图36）

图 35

图 36

36. 回身诱敌

两脚踩地，左转体90度成叉步；两拳由后向上再向前下方抡劈，左拳收于左肋外侧，拳心向上，拳眼向外，右拳劈于前方，拳心向左，拳眼向上，目视右拳。（图37）

37. 猿仙缩身

抬右脚落于左脚内侧成并步，屈膝下蹲成蹲步；右拳护于右肋外侧，拳心向上，拳眼向外，左拳收于腹前，紧贴右拳，拳心向上，拳眼向前，目视前方。（图 38）

图 37

图 38

38. 马步单鞭

右脚离地向右横移一步落地，左脚外踝，两腿屈膝成马步；两拳变掌，由胸前向左右两侧展开，两掌心向外，掌指向上，目视前方。（图 39）

收　势

两脚内收成八字站立，身体挺直；两掌由两侧向上向内再向下落于两胯外侧，五指并拢紧贴两胯，掌心向内，掌指向下，目视前方。（图 40）

图 39

图 40

少林天罡拳

动作名称

预备势
1. 脚蹬九天
2. 捉月蹬云
3. 由基射箭
4. 脚踢北斗
5. 倒踢金关
6. 旋转天河
7. 大圣舒身
8. 天王举旗
9. 脚踢蒯贵
10. 罗汉举杯
11. 金豹回头
12. 天马弹蹄
13. 老猿献书
14. 猛虎出洞
15. 大鹏展翅
16. 二郎担山
17. 行步撩袍
18. 摘星换斗
19. 踏罡拜年
20. 弓步打虎
21. 大鹏斜飞
22. 力士端杯
23. 打炮攻关
24. 金刚展踢
25. 开关破敌
26. 拗步单鞭
27. 白鹤亮翅
28. 旋转天河
29. 斜身担山
30. 麒麟亮掌
31. 天王传令
32. 力士降魔
33. 金刚仆地
34. 一鹤冲天
35. 天蓬把门
36. 倒反北斗
37. 豹子回头
38. 袖展乾坤
39. 二郎担山
40. 力士举幡
41. 独立湘江
42. 拳打卡桩
43. 天王传令
44. 韦陀敞门
45. 金刚拜佛
收　势

动作图解

预备势

两脚八字站立，身体挺直；两臂自然下垂，两手贴于两胯外侧，掌心向内，掌指向下，目视正前方。（图 1）

1. 脚蹬九天

左脚站稳，速抬右脚向右侧上方蹬踢；当右脚踢起时，速出右手由下向右再向外上方扳住右脚跟，使脚心朝天，左手上举于头左侧，掌心斜向上，掌指向右，目视右侧前方。（图 2）

图 1

图 2

2. 捉月蹬云

左脚蹍地，左转体 90 度，右脚迅速落地；同时速抬左脚向前方踢蹬，左脚落地，右脚随即后踹；左掌由上向左下方猛劈，掌心向内，掌指斜向后，右掌由右侧向上穿出，掌心斜向左，掌指向前，目视右掌。（图 3）

3. 由基射箭

右脚在后方一步处落地，左腿屈膝成左弓步；向左转体，两掌变拳，左拳由左侧向左后方冲击，拳心斜向上，拳眼斜向后，右拳由上向下收抱于胸前，拳心向内，目视左拳。（图 4）

图 3

图 4

4. 脚踢北斗

两脚蹍地稍右转，上身速右转，速抬左脚向前方踹蹬；右拳由前向后上方甩击，上架于头右后方，拳心向前，左拳收回向左胯后下勾，拳心向后，目视左脚。（图 5）

5. 倒踢金关

左脚在右前方半步处落地，速抬右脚向右后倒踢，上身向前探；两拳变掌，左掌由左向前上方推击，掌心向前，掌指斜向上，右掌由上向前下方画弧，再向右后上侧甩撩，掌心斜向下，目视右脚。（图6）

图 5

图 6

6. 旋转天河

右脚在左脚后面一步处落地，左腿屈膝，右腿蹬直成左弓步；两掌变拳，猛力向左旋转摆击，右拳摆于前方，左拳摆于后方，两拳心向下，高与肩平，目视右拳。（图 7）

上述动作不停，两脚蹍地，右转体 180 度，右腿屈膝，左腿蹬直成右弓步；两拳随转体的同时猛力向右旋转，左拳旋摆于前方，右拳旋摆于身后，两拳心向下，高与肩平，目视左拳。（图 8）

图 7

图 8

7. 大圣舒身

右脚抬起向后退一步，落于左脚内侧，屈膝下蹲，左脚提起，重心移于右腿；在下蹲的同时，两拳迅速收回，屈肘抱于胸前两侧，拳心向上，目视前方。（图 9）

8. 天王举旗

左脚落于右脚前一步，屈膝成左弓步；两拳同时从胸前直臂向前后冲击，右拳冲于前上方，左拳冲于后方，两拳心向左，目视右拳。（图 10）

图 9

图 10

9. 脚踢蒯贵

左脚不动，右脚抬起向前方蹬踢；左拳变掌由后向前拍击右肩，右拳由身前上方向下砸击，落于裆前，拳心向内，目视右脚。（图 11）

10. 罗汉举杯

右脚在左脚前半步处落地，以右脚为轴，右转体 180 度，左脚迅速抬起随身右转，脚尖向下；左掌变拳，屈肘上勾，拳心向内，右拳由前向后甩击于身后右下侧，拳心向左，目视左拳。（图 12）

图 11

图 12

11. 金豹回头

左脚在前方一步处落地，两脚踩地，右转体 180 度，右腿屈膝成右弓步；两拳随转体的同时，由后向前挑出，右拳护于头前右上方，左拳挑于头前左上方，两拳心向下，目视前方。（图 13）

12. 天马弹蹄

两脚踩地，左转体 270 度，右脚迅速向右弹踢，脚尖绷平；两拳随身左转，左拳甩击于左侧，拳心向下，右拳抱于胸前，拳心向内，目视右脚。（图 14）

图 13

图 14

13. 老猿献书

右脚在左脚内侧半步处落地，两脚踝地，右转体 90 度，抬左脚落于右脚前半步处，脚尖点地，右腿屈膝成左虚步；两拳同时由后向前护于胸前，拳心向内，拳眼向外，目视前方。（图 15）

14. 猛虎出洞

左脚向前移半步，屈膝成左弓步；两拳由胸前向前方猛冲，右拳在上，高过头顶，拳心向左，拳眼向上，左拳高于胸部，拳心向右，拳眼向上，目视前方。（图 16）

图 15

图 16

15. 大鹏展翅

右脚原地不动，左脚抬起，向后踹蹬；两拳同时变掌，右掌向后拍击左脚掌内侧，左掌展于前上方，掌心斜向前，掌指斜向上，目视后方。（图 17）

16. 二郎担山

左脚在右脚前一步处落地，两脚踝地，右转体 180 度，右腿屈膝，左腿蹬直成右弓步；两掌收回腰间变拳，然后迅速向前后冲击，高与肩平，拳心斜向左，拳眼向上，目视右拳。（图 18）

图 17

图 18

17. 行步撩袍

右脚原地不动，左脚向前移步，右腿微屈成高弓步；左拳由后向前上方撩举于头左侧，拳心向右，拳眼向后，右拳由前向后下方勾撩，拳心向下，目视前方。（图 19）

18. 摘星换斗

抬左脚向前与右脚并步站立，身体挺直；两拳同时变掌，右掌上举于头右侧，掌心向左，掌指向上，左掌由上向下落于左胯后侧，掌心向右，掌指向下，目视左前方。（图 20）

图 19

图 20

19. 踏罡拜年

右脚离地向前稍移步，震脚落地，屈膝微蹲，左脚迅速抬起，落于右脚前半步处成左虚步；两掌收回，拱于胸前，掌心相对，掌指向上，目视两掌。（图 21）

20. 弓步打虎

左脚向前半步，屈膝成左弓步；两掌迅速变拳，右拳由后向前猛力冲击，拳心向下，左拳收回抱于左肋外侧，拳心向上，目视前方。（图 22）

图 21

图 22

21. 大鹏斜飞

左脚踩地稍左转，速抬右脚向前方弹踢，脚尖绷直；两拳收回同时变掌，向前后穿击，掌心向外，掌指向上，目视右脚。（图 23）

22. 力士端杯

右脚在后一步处落地，两脚踩地，右转体 180 度，左脚迅速提起，成独立势；两掌同时变拳，左拳由后向前举于左腿上方，拳心向右，拳眼斜向后，右拳收回护于右肋外侧，拳心向上，目视左拳。（图 24）

图 23

图 24

23. 打炮攻关

右脚原地不动，左脚在前方一步处落地屈膝，成左弓步；左拳迅速向前崩击上挑，拳心向后，拳眼向左，右拳同时变掌，屈肘托于左肋前，掌心向上，目视左拳。（图 25）

24. 金刚展踢

左腿原地不动，右脚迅速抬起，向前方踢击；左拳变掌，向前方展臂，掌心向下，掌指斜向前，右掌收回护于右肋外侧，掌心向上，掌指斜向前，目视左掌前方。（图 26）

图 25

图 26

25. 开关破敌

右脚在前方一步处落地，左膝微屈成右高虚步；两掌变拳，右拳由后向右猛力冲击，高与肩平，拳心向下，左拳收回抱于左肋外侧，拳心向上，目视右拳。（图 27）

26. 拗步单鞭

重心前移，右腿屈膝成右弓步；左拳向前方冲击，右拳向身后冲击，两拳心向下，拳臂成一条线，高与肩平，目视左拳。（图 28）

图 27

图 28

27. 白鹤亮翅

右脚原地站立，左腿提膝成右独立势；两拳同时变掌，右掌由后向前上方横展于头前上方，掌心斜向上，掌指向左，左掌再变勾手，甩击于身后左侧，勾尖向上，目视前方。（图 29）

28. 旋转天河

左脚在右脚内侧前方落地震脚，右脚向后退一步，两脚踉地，右转体 180 度，右腿屈膝，左腿蹬直成右弓步；右掌与左勾手同时变拳旋摆，左拳旋摆于前方，高与肩平，拳心向下，拳眼向右，右拳旋摆于身后，高与肩平，拳心向下，拳眼向右，目视左拳。（图 30）

图 29

图 30

29. 斜身担山

两脚不动，右拳由后向前上方冲击，拳心斜向下，左拳由前向后甩击，拳心斜向下，右拳高与耳平，左拳与肩齐平，目视前方。（图 31）

30. 麒麟亮掌

抬右脚后退半步，屈膝下蹲，左腿抬起，落于右脚前半步处，脚尖点地，成左虚步；左拳变掌，推于正前方，成正立掌，掌心向前，掌指向上，右拳由前上方向右后侧下劈，屈肘护于胸前，拳心向左，拳眼斜向上，目视左掌。（图 32）

图 31

图 32

31. 天王传令

抬右脚上前落于左脚前半步处，两脚蹍地，左转体 90 度；右拳向右冲击，高与肩平，拳心向下，拳眼向前，左掌收回护于左肋下，掌心向上，掌指向右，目视右拳。（图 33）

32. 力士降魔

抬右脚向右横跨半步，两脚蹍地，右转体 90 度；左掌同时变拳，猛力向前冲击，拳心斜向下，高与肩平，右拳向身后猛力崩击，拳心斜向下，高与肩平，目视前方。（图 34）

图 33

图 34

33. 金刚仆地

两脚向前踮跳半步，右腿伸直，左腿屈膝全蹲成右仆步；两拳变掌，右掌由后向上再向右下方拍击，落于右脚内侧上方，掌心向下，左掌由前上方向下再向左平展，掌心向上，两掌指向外，目视右掌。（图 35）

34. 一鹤冲天

起身，两脚踝地，左转体 180 度，右腿提起，右掌由后向前劈于裆前，左掌上穿于头左侧，掌心向前，掌指向上，右掌心斜向左，掌指斜向下，成一鹤独立上穿势，目视前方。（图 36）

图 35

图 36

35. 天蓬把门

右脚在前方落地震脚，抬左脚落于右脚前方一步处，屈膝成左弓步；两掌同时变拳，左拳由后向前冲击，高与肩平，拳心向下，右拳由前冲向右侧后方，高与肩平，拳心向下，两拳眼斜相对，目视前方。（图 37）

36. 倒反北斗

两脚踝地，右转体 180 度，左腿屈膝下跪，脚跟离地，右腿前伸，全身重心移向左腿；左拳由后向前上方猛冲，拳高过肩，拳心斜向下，右拳收回护于右肋外侧，拳心向上，目视左拳。（图 38）

图 37

图 38

37. 豹子回头

两脚迅速蹍地，左转体 180 度，左腿屈膝成左弓步；右拳同时由后向前猛力冲击，高与肩平，拳心向下，拳眼向左，左拳收回护于左肋下，拳心向上，拳眼向外，目视右拳。（图 39）

上述动作不停，右拳迅速收回护于右肋前侧，拳心向上，左拳迅速向前上冲击，拳心向下，目视右侧。（图 40）

图 39

图 40

上述动作不停，两脚蹍地，向右微转，左腿屈膝，右脚尖点地，成右虚步；左拳由后向前勾击，架于头左前侧，拳心向下，右拳护于胸前，拳心斜向内，目视右前方。（图 41）

38. 袖展乾坤

右脚微向内旋，抬左脚与右脚并步站立；两拳同时变掌，右掌由左向右平展，高与肩平，掌心向下，掌指向右，左掌护于左肋下，掌心向下，掌指斜向右，目视右掌。（图 42）

图 41

图 42

39. 二郎担山

左脚向左横跨一步，两脚蹍地，左转体 90 度，屈左膝成左弓步；右掌收回，与左掌同时向前后猛力外展，两臂高与肩平，掌心向外，掌指斜向上，目视左掌。（图 43）

40. 力士举幡

右脚抬起，上前半步屈膝微蹲，左脚尖点地，成左虚步；右掌

由后向前举于头上右侧，掌心外向，掌指斜向上，左掌收回护于胸前，掌心向右，掌指斜向上，目视前方。（图 44）

图 43

图 44

41. 独立湘江

左脚震脚，膝微屈，右脚提起向前方内摆；右掌迅速抓住右脚踝部，左掌由胸前向左后方猛力下劈，掌心向外，掌指向后，目视前方。（图 45）

42. 拳打卡桩

右脚在左脚内侧前半步处落地，屈膝成横弓步；两掌变拳，右拳举于头上右侧，拳心斜向左，拳眼斜向后，左拳冲于左侧下方，拳心斜向下，拳眼向前，目视左拳。（图 46）

图 45

图 46

43. 天王传令

抬左脚落于右脚前半步处，两脚踬地，右转体 90 度；右拳由上下落于胸前后再向右侧冲击，拳心向下，拳眼向前，左拳收回护于胸前，拳心向上，目视右拳。（图 47）

44. 韦陀敞门

两脚踬地，右转体 90 度，抬左脚落于右脚前半步处，两脚踬地，向右再转体 90 度，两腿屈膝成马步；两拳收回胸前再向左右两侧冲出，两肘微屈，拳心向前，拳眼斜向上，目视前方。（图 48）

图 47

图 48

45. 金刚拜佛

两脚向内侧后退半步，并步站立；两拳迅速变掌，由两侧向内合掌拱于胸前，目视前方。（图 49）

图 49

收　势

两脚不动，身体挺直；两掌由胸前下落，再向外向上向内画弧，下落于两胯外侧，掌心向内，掌指向下，目视正前方。

少林破莲掌

动作名称

预备势

1. 叶底偷桃
2. 青龙探爪
3. 双手摘月
4. 老君封门
5. 回身搬石
6. 千斤一腿
7. 仙女散花
8. 老猿坐山
9. 仆地游龙
10. 大鹏展踢
11. 顺肩担柴
12. 老鼠缩身
13. 开关迎敌
14. 跨虎登山
15. 坐虎栽瓜
16. 乌龙抱柱
17. 韩信摆旗
18. 仙人坐洞
19. 仆地游龙
20. 狮子张嘴
21. 白鹤望仙
22. 乌龙抱柱
23. 二郎担山
24. 仙人坐洞
25. 灵猫观鼠
26. 金蛇入林
27. 白鹤亮翅
28. 罗汉担柴
29. 猛虎转身
30. 一鹤冲天
31. 白蛇出洞
32. 上步卡仓
33. 罗汉拦门
34. 站山观景

收　势

动作图解

预备势

两脚并步站立，身体挺直；两臂自然下垂，五指并拢，贴于两胯外侧，掌心向内，掌指向下，目视正前方。（图1）

1. 叶底偷桃

两脚踝地，左转体90度，抬右脚向前落于左脚内侧前方，两腿屈膝半蹲；右掌由后向前下方穿击于右膝上方，掌心向下，掌指向前，左掌盖于右腕上方，掌心向下，掌指斜向右，目视前方。（图2）

图1

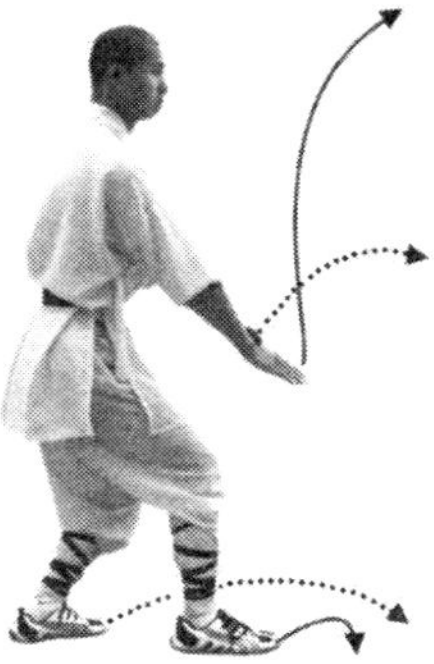
图2

2. 青龙探爪

抬右脚原地震脚，再抬左脚上前一大步，落地屈膝成左弓步；右掌向前上方穿击，掌心向前，掌指斜向上，左掌向前下方穿出，掌心斜向上，掌指斜向下，目视前方。（图3）

3. 双手摘月

两脚踝地，右转体 90 度，抬右脚落于左脚后半步处，成叉步；两掌由左向上举于头两侧，掌心相对，掌指向上，目视前方。（图 4）

图 3

图 4

4. 老君封门

抬左脚向左横跨一步落地，两脚踝地，左转体 90 度，左腿屈膝，右腿蹬直，成左弓步；两掌向前下方拍击，掌心向下，掌指向前，目视前方。（图 5）

5. 回身搬石

两脚踝地，右转体 90 度成右弓步；两掌由左向右猛力扫击，右掌在上，掌心向下，左掌在下，掌心向上，两掌指向前，目视左侧。（图 6）

图 5

图 6

6. 千斤一腿

两脚踩地，左转体 90 度，提左腿成独立势；右掌向上展于头右侧，掌心向左，掌指向上，左掌穿于正前方，掌心向下，掌指向前，目视左掌。（图 7）

上述动作不停，左腿向前弹踢，脚尖绷平，右腿屈膝下蹲；两掌收回，向左侧甩击，掌心向后，掌指斜向下，目视左脚。（图 8）

图 7

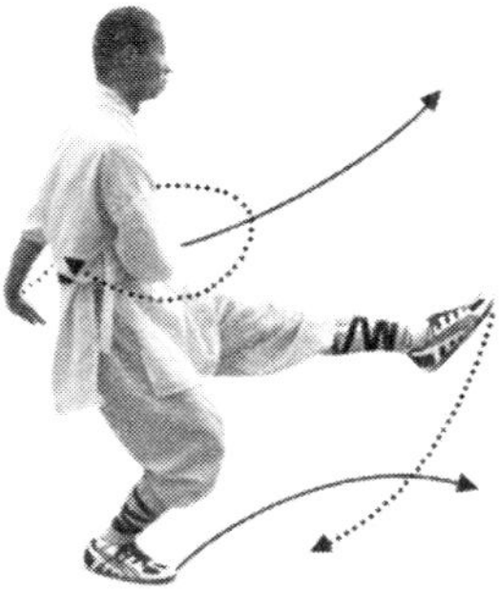
图 8

7. 仙女散花

左脚在前方半步处落地，抬右脚上步落于左脚前半步处，两脚蹍地右转，屈膝全蹲成歇步；两掌收回，迅速向左右两侧穿刺，掌心向下，掌指向外，目视正前方。（图 9）

8. 老猿坐山

接上势，不起身，两脚蹍地，左转体 180 度，左脚尖点地，移于右脚内侧，成坐步；两掌收回抱于胸前，掌心向上，目视前方。（图 10）

图 9

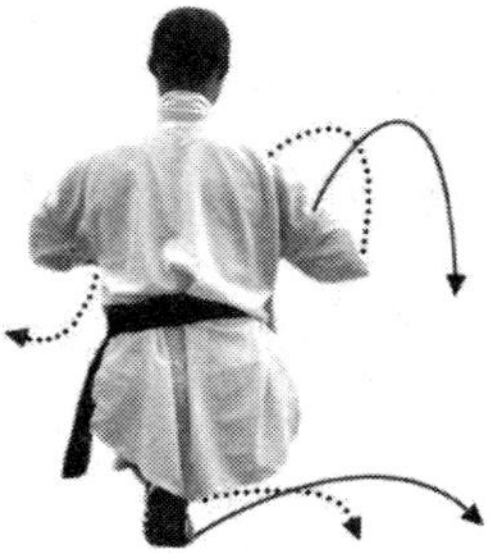

图 10

9. 仆地游龙

起身，两脚跳起，踮步下落，两脚相距一步，左腿屈膝，右腿伸直，成右仆步；右掌向右侧下方劈击于右腿内侧，掌心向前，掌指斜向下，左掌由右向左甩劈于身体左侧，掌心向后，掌指斜向上，目视右侧。（图11）

10. 大鹏展踢

起身，两脚踝地，右转体 90 度，速抬左脚向前弹踢，脚尖绷平；左掌变拳由后向上向前再向下劈击，屈肘护于左肋外侧，掌心向内，掌指向前，右掌由下向前上方直臂穿于头右侧，掌心向外，掌指向上，目视左脚。（图 12）

图 11

图 12

11. 顺肩担柴

左脚在前方一步处落地，左转体 180 度，左脚再向前一步，屈膝成左弓步；左拳变掌由左肋下向前猛力穿击，掌心向下，掌指向前，右掌由上向前下落再向后侧穿击，掌心向下，掌指向后，两臂成直线，目视左掌。（图 13）

12. 老鼠缩身

两脚踝地，右转体 180 度，左腿屈膝，右脚尖点地，成右虚步；左掌由后上方向前下方穿于裆前，掌心斜向前，掌指斜向下，右掌穿于左肩前，掌心向内，掌指斜向上，目视前方。（图 14）

图 13

图 14

13. 开关迎敌

右脚向前半步落地，向左转体；右掌变拳向左前方冲击，拳心向下，拳眼斜向左，左掌变拳收回抱于腰间，拳心向上，拳眼向外，目视右拳。（图 15）

14. 跨虎登山

两脚蹍地，左转体 90 度，左腿屈膝，成左弓步；两拳变掌，右掌由右向左下方穿击于左膝外侧，掌心向上，掌指斜向左，左掌由右向左按于左膝外侧，掌心向下，掌指斜向左，目视右侧。（图 16）

图 15

图 16

15. 坐虎栽瓜

抬左脚向右侧横移，落于右脚后外侧半步处，两腿屈膝全蹲成歇步；两掌同时变拳，右拳由左向右下方栽击，拳心向前，拳眼斜向右，左拳由左向右再向上展，拳心向前，拳眼斜向上，目视右拳。（图 17）

16. 乌龙抱柱

抬右脚向右跨一步落地，两脚踮地，右转体 90 度，再抬左脚向右脚并步，两腿屈膝半蹲；两拳收回身前，左拳在上，拳心向右，右拳在下，拳心向左，两拳眼向上，目视前下方。（图 18）

图 17

图 18

17. 韩信摆旗

抬左脚后退一步落地，两脚踮地，左转体 90 度，左腿屈膝成左弓步；右拳由右向上架于右侧成反勾拳，拳心向后，拳眼向右，左拳由右向左上方甩摆于头左侧，目视右拳。（图 19）

上述动作不停，两脚踮地右转，抬左脚与右脚并步站立；右拳由后直臂向前冲于头斜前方，拳心向左，拳眼斜向上，左拳由后向前再向下向后摆击于身后左侧，拳心向下，拳眼斜向左，目视前方。（图 20）

图 19

图 20

18. 仙人坐洞

抬左脚向前半步落地，两脚踉地，左转体 90 度，两腿屈膝全蹲成歇步；两拳同时变掌，屈肘收回，合掌拱于胸前，两掌心相对，掌指向上，目视前方。（图 21）

19. 仆地游龙

两脚跳起，右转体 180 度，相距一步落地，右腿屈膝全蹲，左腿伸直成仆步，右掌由前向后展于右侧上方，掌指斜向后，左掌由后向前下方穿击，落于左脚内上侧，掌指向前，目视左掌。（图 22）

图 21

图 22

20. 狮子张嘴

起身，重心前移，左腿屈膝成左弓步；左掌由下向前托击，掌心斜向右，掌指斜向下，右掌由后向前向上展开，架于头右前方，掌心向前，掌指斜向上，目视前方。（图 23）

21. 白鹤望仙

抬右腿，脚尖绷直下垂，成独立势；右掌速变金剪指，由后向前指击点刺，手心向左，高与肩平，左掌由下向上穿于头左侧，掌心向上，掌指向右，目视右手。（图 24）

图 23

图 24

22. 乌龙抱柱

右脚在前方一步处落地，抬左脚与右脚并步，屈膝半蹲成蹲步；两手同时变拳，屈肘收回抱于身前，两拳心相对，目视前下方。（图 25）

23. 二郎担山

抬左腿后退一步落地，两脚踉地，左转体 180 度，左腿屈膝成左弓步；两拳同时变掌，向前后展开，两掌心向外，掌指斜向上，两臂与肩平，目视左掌。（图 26）

图 25

图 26

24. 仙人坐洞

右脚抬起，落于左脚前半步处，两脚踉地，右转体 90 度，两腿屈膝全蹲成歇步；两掌变拳护于胸前，拳心向下，拳眼向内，目视前方。（图 27）

上述动作不停，两拳由胸前向两侧平伸冲出，拳心向下，拳眼向前，目视前方。（图 28）

图 27

图 28

25. 灵猫观鼠

两脚踩地，左转体90度，左脚抬起上前一步，脚尖点地，右腿屈膝成虚步；两拳变掌，右掌由后向前撩击，掌心斜向上，掌指斜向下，左掌向后画弧，护于左胸前侧，掌心向外，掌指向右，目视右掌。（图29）

26. 金蛇入林

左脚向前落地，屈膝成左弓步；左掌向前猛力穿刺，掌心向上，掌指向前，右掌护于左肋外侧，掌心向外，掌指斜向上，目视左掌。（图 30）

图 29

图 30

27. 白鹤亮翅

右脚抬起，向前上步，落于左脚前方半步处，两脚踮地，左转体90度，提左腿成独立势；右掌由下向左上方横展，掌心斜向上，掌指向左，左掌由右向左下方拍击左脚面外侧，目视左前方。（图 31）

28. 罗汉担柴

左脚于左侧一步处落地，两脚踮地，左转体 90 度；两掌同时变拳收于胸前，再向前后两侧外展，拳与肩平，两拳心向右，拳眼向上，目视左拳。（图 32）

图 31

图 32

29. 猛虎转身

两脚踮地，右转体180度，屈右膝成右弓步；左拳由后向前直臂冲击，拳心向下，拳眼向右，高与肩平，右拳收回护于右肋前，拳心向上，目视左拳。（图33）

30. 一鹤冲天

两脚踝地，左转体 180 度，左腿提起，脚面绷平，脚尖下垂；右拳向下栽击于裆前，拳心向内，左拳由下向上举于头左侧，拳心向右，目视前方。（图 34）

图 33

图 34

31. 白蛇出洞

左脚于前方一步处落地，屈膝成左弓步；左拳变掌由上向下再向前穿出，掌与肩平，掌指向前，掌心向右，右掌护于右肘弯处，掌心向左，掌指向前，目视左掌。（图 35）

32. 上步卡仓

左脚抬起，原地震脚落地，抬右脚上步落于左脚前方一步处，屈膝成右弓步；两腕同时外旋，然后向前猛力扶挤，右掌在上，左掌在下，两掌指向前，目视前方。（图 36）

图 35

图 36

33. 罗汉拦门

抬左脚向右脚并步，两脚踩地，左转体 90 度；两掌变拳，向两侧外展，拳心向前，目视前方。（图 37）

34. 站山观景

两拳变掌，由前向后向上画小弧，落于两胯外侧，掌心斜向下，掌指向前，目视前方。（图 38）

图 37

图 38

收　势

两脚踝地，左转体 45 度，成立正势，两脚八字站立；两掌指向下，掌心向内，紧贴两胯外侧，目视正前方。